RÉDUCTION des CHARGES MILITAIRES

Le pays, nul ne peut le contester, succombe sous le fardeau de ses charges militaires.

Les dépenses improductives et toujours croissantes du budget de la guerre; les entraves apportées au commerce, à l'industrie, au travail national par les obligations du service militaire, épuisent le pays et le mettent dans l'impossibilité de soutenir la lutte économique que se livrent les nations modernes.

Une étude rapide de ces obligations nous permettra de nous convaincre que, sans nuire en rien à la défense nationale, en en améliorant même les conditions, ces charges peuvent être considérablement réduites.

Car quoi qu'en disent, avec leur mauvaise foi habituelle, ces patriotards, produits des jésuitières, qui s'étant pour la plupart soustraits, tout au moins en partie, aux obligations du service militaire et vont prendre leur mot d'ordre à l'étranger, à Rome, nous avons toujours voulu donner à la République une armée forte et puissante, capable de protéger son honneur et d'assurer sa sécurité.

Et c'est parceque nous cherchons à donner à la République cette armée forte et puissante que nous l'avons voulu et la voulons républicaine, en communion d'idées avec la nation (1).

C'est aussi pour cela que nous avons toujours protesté contre ce non-sens, cette aberration plutôt, qui fait commander l'armée d'une démocratie par des chefs hostiles à cette démocratie. Il y a en effet, pour la République, un danger aussi grand à se confier au loyalisme d'hommes soumis à Rome, dévoués à la réaction, qu'il y en aurait pour la France à confier le commandement de ses armées à des officiers allemands, anglais ou italiens.

Le souvenir de ces émigrés combattant contre la Patrie, de Bourmont passant à l'ennemi en pleine bataille, devrait nous

____

(1) Voir *L'Armée cléricale* et *Démocratisation des Cadres.*

garantir contre une confiance aussi mal placée que dangereuse.

Parmi les charges qui pèsent le plus lourdement sur le pays se trouvent les périodes d'instruction imposées à la réserve active et à l'armée territoriale.

Nous nous bornerons à examiner dans quelles mesures ces charges peuvent être réduites sans nuire, nous l'avons dit, à la puissance défensive du pays.

La loi du 27 juillet 1872, art 43, dit :

« Les hommes de la réserve de l'armée active sont assujettis pendant le temps de service dans ladite réserve à prendre part à deux manœuvres. La durée de chacune de ces manœuvres ne peut dépasser quatre semaines. »

La loi du 15 juillet 1889, art. 49, dit :

« Les hommes de la réserve de l'armée active sont assujettis, pendant le temps de service dans ladite réserve, à prendre part à deux manœuvres, chacune d'une durée de quatre semaines.

« Les hommes de l'armée territoriale sont assujettis à une période d'exercices dont la durée sera de deux semaines. »

Nous ne relèverons pas le caractère plus impératif donné à cette durée de quatre semaines, par le législateur de 1889. Le législateur de 1872, qui cependant, plus rapproché de nos désastres, aurait dû plutôt avoir eu une tendance à exagérer, se borne à déclarer que cette durée de quatre semaines était un maximum.

Les hommes de la réserve doivent obligatoirement prendre part à des manœuvres. Ceux de l'armée territoriale sont simplement astreints à une période d'exercices.

Cette différence se justifie d'ailleurs par le rôle que les uns et les autres auraient à remplir en temps de guerre.

Les réservistes, entrant dès le début de la guerre dans la composition des armées de campagne, doivent être tenus en état de remplir leurs devoirs.

Quant à l'armée territoriale, aucune de ses unités, au début de la guerre du moins, n'aura à entrer dans la formation des armées de campagne. Son rôle se bornera à occuper des positions défensives en arrière de l'armée. La seule partie de l'instruction militaire, qui peut lui être nécessaire, la pratique du tir, peut être acquise dans des sociétés de tir bien mieux que dans des périodes qui ne se reproduisent qu'à de très longs intervalles.

Les réservistes sont donc appelés à prendre part à des manœuvres, la loi est formelle. C'est afin de les reformer à la pratique du service en campagne, ce qui est logique. Donc, ces réservistes, les manœuvres terminées, devraient être aussitôt renvoyés dans leurs foyers.

Leur convocation permet encore, en élevant l'effectif des unités, d'exercer les chefs aux commandements qu'ils auraient à remplir en temps de guerre.

Si, en 1870, nous avons subi ces inoubliables désastres dont la Patrie souffre toujours, c'est non à l'insuffisance d'instruction des soldats, ce n'est même pas au défaut d'aptitudes des officiers, mais c'est à l'incapacité des généraux, commandants d'armée ou de corps d'armée, qu'il faut les attribuer. Et c'est surtout pour préparer ces généraux d'armée ou de corps d'armée aux commandements qu'ils auraient à remplir que ces manœuvres ont été instituées et sont utiles.

Or, peut-être par modestie de la part de ces chefs qui n'insistent pas suffisamment, les manœuvres exécutées chaque année, et improprement appelées « Grandes Manœuvres » puisqu'elles ne mettent en mouvement, n'opposent les unes aux autres que des unités de moyenne importance, brigade ou division, ne répondent nullement au but fixé.

Les généraux commandant les armées sur lesquels reposera le salut du pays, ne s'exercent jamais aux devoirs qui leur incomberaient. Aucun d'eux n'a donné des preuves de ses aptitudes au commandement.

A cet égard, notre situation n'est pas meilleure qu'avant 1870.

Les manœuvres qui imposent tant de dépenses à l'Etat, apportent tant de troubles dans les familles, causent tant de fatigues aux hommes sont donc inutiles. Bien mieux, elles sont nuisibles, car exécutées par de petites unités, elles donnent lieu aux plus grandes invraisemblances. Des bataillons, des compagnies exécutent des mouvements à grande envergure qui nécessiteraient des régiments, des brigades; les idées de tous se trouvent ainsi faussées.

Et n'est-ce pas une preuve de ce défaut de préparation du commandement que la présence sur la ligne de combat, des grands chefs, officiers supérieurs et généraux qui, incapables de commander leur unité, dirigent une batterie, une section d'artillerie ou voire même une escouade d'infanterie, jetant le trouble et provoquant le désordre chez leurs inférieurs, par leur intervention inopportune.

De même pour ces... petites manœuvres, les états-majors n'ayant rien à prévoir, ne se préparent nullement à leurs devoirs en temps de guerre, ou au moment de la mobilisation.

Comme les états-majors, les services administratifs — le service des Subsistances surtout, — ne tirent aucun profit de ces manœuvres. Aussi, malgré tous les coups d'encensoir qui les terminent, laissent-ils tellement à désirer que ce n'est pas sans de grandes appréhensions que l'on songe à ce qui se produirait en temps de guerre.

Les nombreux réservistes aujourd'hui rentrés dans leurs foyers, peuvent affirmer que durant les manœuvres dernières, presque jamais les vivres n'ont été distribués avant 8 heures du soir ; que, par suite, la soupe n'a jamais été mangée avant 10 ou 11 heures du soir. Qu'il est même arrivé que ces vivres n'ont pu être distribués que le matin, peu de temps avant le départ, la viande qui aurait dû servir à la soupe de la veille, n'était mangée qu'à la grande halte. Et cela se passait en pays ami, avec des moyens de transport qui n'existeraient pas en campagne.

Enfin il est un service qui, au moment de la mobilisation, sera appelé à jouer un grand rôle : le service des chemins de fer, qu'il serait bon d'exercer, en l'utilisant pour le transport des troupes prenant part aux manœuvres.

Car, les transports auxquels donnent lieu ces soi-disant grandes manœuvres peuvent être considérés comme une fantaisie à côté de ce qui se produirait à la mobilisation. Les brigades ou divisions, ainsi transportées, atteignent à peine la moitié de leur effectif de guerre... et peut-être ne sont-ils pas exécutés de façon si admirables que les coups d'encensoir ministériels pourraient le laisser supposer.

Ainsi les manœuvres ne devraient comporter que des manœuvres d'armée contre armée, de façon à exercer le haut commandement, les états-majors, les services administratifs et le service des chemins de fer, aux devoirs et aux missions qui leur incomberaient en temps de guerre.

Ceci établi, il reste à déterminer quelle doit être la durée des périodes d'instruction à imposer aux réservistes.

Les réservistes n'ont à prendre part qu'aux manœuvres. Les tirs seront exécutés chaque année dans des Sociétés de tir. Les troupes devront être transportées par chemin de fer aux points de concentration comme à la mobilisation.

La durée des manœuvres ne dépasse jamais dix jours, en admettant que le jour de l'arrivée étant consacré à l'habillement... les troupes ne seront transportées que le deuxième jour et n'arriveront aux points de concentration que le troisième jour ; qu'enfin deux jours seront nécessaires pour la dislocation et le renvoi.

Les périodes d'instruction de la réserve ne devraient donc jamais excéder 15 ou 16 jours.

Quant aux tirs qui s'exécutent très mal durant ces périodes, et à de trop longs intervalles, la création de Sociétés de tir, une par canton ou pour deux ou trois cantons, permettrait de donner à cette partie, si importante de l'instruction du soldat, tout le développement désirable. Chaque territorial ou réserviste serait astreint à venir chaque année y exécuter deux tirs, obligation entraînant un dérangement bien faible, et qui souvent deviendrait une partie de plaisir.

Enfin, afin de se rapprocher autant que possible des difficultés de la guerre, les manœuvres n'auraient lieu que tous les trois ans, tous les deux ans si, par suite de la réduction du service actif, on juge nécessaire que chaque soldat prenne part à une grande manœuvre avant sa libération.

La territoire de la République serait, à cet effet, partagé en trois ou deux zones. Une zone exécutant chaque année les manœuvres.

Les réservistes n'étant convoqués que tous les trois ou deux ans, les unités comprendraient, avec les deux classes actives, six ou quatre classes de réservistes et se rapprocheraient ainsi du pied de guerre.

Non seulement l'armée se trouverait mieux préparée à la guerre et l'État réaliserait de très grandes économies par suite de la réduction des périodes d'instruction et de l'exécution de manœuvres triennales ou biennales, mais encore 400,000 citoyens bénéficieraient, chaque année, de treize journées consacrées au travail ou aux affaires.

Quant aux périodes d'instruction de l'armée territoriale, il suffit de se pénétrer du rôle que cette armée aura à remplir en temps de guerre, pour se convaincre de leur inutilité.

Après nos désastres de 1870, il a pu paraître utile d'imposer ces périodes, quantité de citoyens n'avaient jamais servi. Aujourd'hui, il n'en est plus ainsi ; tous ont passé sous les drapeaux.

De plus, les unités de l'armée territoriale ne seront pas appelées, au début de la guerre, à entrer dans la composition des armées de campagne. Elles auront donc le temps nécessaire pour reprendre la cohésion indispensable. Leur rôle se bornera à occuper des positions défensives, des postes fortifiés en arrière de l'armée.

La seule partie de l'instruction militaire qui, pour remplir ce rôle, leur est nécessaire, la pratique du tir, leur est donnée dans ces périodes qui ne reviennent qu'à de longs intervalles que d'une façon tout à fait insuffisante.

Le temps fait souvent défaut ; on brûle en hâte les cartouches allouées, car il faut à tout prix exécuter des manœuvres, jouer au soldat, afin de permettre à ceux qui, dans un revenez-y guerrier, y auront commandé, d'entretenir les leurs, durant les longues soirées d'hiver, de leurs hauts faits militaires.

La création de Sociétés de tir à raison de une par canton ou par deux ou trois cantons, répondrait bien mieux aux desiderata que doit remplir le soldat territorial qui, exercé au tir, conscient de sa valeur, confiant en son arme, saura vite se remettre à la pratique des manœuvres.

Ainsi comprise, l'armée territoriale sera ce qu'elle doit être : une milice toujours prête pour la défense du pays.

Les Sociétés de tir subventionnées par l'État, pourvues d'armes de guerre en nombre suffisant, recevraient gratuitement les cartouches nécessaires au tir des hommes de la réserve et de l'armée territoriale inscrits sur leurs contrôles.

Les excédents de cartouches existant en fin d'année dans les corps de troupe, leur seraient également versés.

La suppression de ces périodes d'instruction ferait réaliser à l'État de sérieuses économies et rendrait, chaque année, au travail national, au commerce et à l'industrie, plusieurs millions de journées inutilement perdues.

Les cadres de l'armée territoriale seraient autorisés à faire des stages, à prendre part à des manœuvres dans l'armée active.

En conséquence :

Considérant que les grandes manœuvres ont surtout pour but de préparer le haut commandement, les états-majors, les différents services de l'armée au rôle qui leur incomberait en temps de guerre ;

Attendu que les manœuvres actuelles qui ne mettent en mouvement, n'opposent les unes aux autres que des unités de médiocre importance souvent inférieures, rarement supérieures à une division, ne répondent nullement à ce but ;

Attendu que cette infériorité des unités donne lieu à des invraisemblances et ne peut que fausser les idées de ceux qui y prennent part ;

Attendu qu'exécutés avec des effectifs bien inférieurs aux effectifs de guerre (la moitié) elles ne préparent même pas les gradés, officiers et sous-officiers de troupes et les services, aux devoirs et aux missions qu'ils auraient a remplir en campagne;

Considérant qu'au moment de la mobilisation et durant tout le cours d'une campagne les chemins de fer seront appelés à jouer un grand rôle dans le transport et la concentration des troupes, qu'il convient par suite de familiariser à leur emploi le haut commandement et les états-majors, d'exercer le personnel et de s'assurer de l'existence et de l'état d'entretien du matériel;

Considérant que les périodes d'instruction imposées à la réserve active et à l'armée territoriale pèsent lourdement sur la population, qu'il convient par suite, tout en tenant compte des nécessités de la défense nationale, d'en réduire le fardeau;

Considérant que l'emploi des chemins de fer pour le transport des troupes prenant part aux manœuvres permettra, tout en donnant à ces manœuvres une ressemblance plus grande avec les opérations de la guerre, de réduire la durée des périodes de la réserve;

Considérant que les troupes de l'armée territoriale ne seront pas appelées au début des hostilités à entrer dans la composition des armées de campagne, que l'on disposera par suite du temps suffisant pour donner aux unités qui la composent la cohésion nécessaire;

Attendu, qu'appelés surtout a occuper des positions défensives, des postes fortifiés, en arrière des armées d'opération, la seule partie de l'instruction militaire nécessaire aux soldats territoriaux, la pratique du tir, ne leur est donnée durant ces périodes, revenant après de longs intervalles, que d'une façon tout à fait insuffisante;

Attendu qu'il en serait tout autrement, si au lieu de ces périodes d'exercices qui troublent si profondément la vie nationale, les soldats de la réserve active ou les soldats territoriaux étaient astreints à exécuter chaque année deux tirs dans une société de tir créée par canton ou par deux ou trois cantons, les réservistes de l'armée active étant seuls soumis à une période réduite de manœuvres;

La Loge les Enfants de Gergovie émet le vœu suivant:

1º *a)* Qu'à l'avenir les grandes manœuvres ne comprennent plus que des manœuvres d'armée contre armée et ne soient exécutées que tous les trois ou deux ans, le territoire de la République étant, à cet effet, divisé en trois ou deux zones, une seule zone manœuvrant chaque année;

b) Que les troupes étant transportées par chemin de fer, les périodes d'instruction de la réserve soient réduites au maximum de seize jours ;

2º Que les périodes d'instruction de l'armée territoriale complètement supprimées soient remplacées par deux tirs exécutés chaque année dans une société de tir régionale par les hommes appartenant à cette armée ;

3º Qu'il soit créé dans chaque canton ou pour deux ou trois cantons une société de tir qui, subventionnée par l'Etat, pourvue des armes de guerre nécessaires, recevrait également les cartouches nécessaires au tir des hommes de la réserve et de l'armée territoriale inscrits sur les contrôles.

Modification à la date d'incorporation des jeunes soldats

Même en dehors de cette question sanitaire si importante et sur laquelle tout a été dit, on ne s'explique le maintien, au début de l'hiver, de la date d'incorporation des jeunes soldats que par cette idée absolument surannée que la guerre éclatera fatalement au printemps.

Nos états-majors, notre haut commandement, toujours en avance, en sont encore à l'époque où à la fin de la belle saison, les troupes prenant leurs quartiers d'hiver, les officiers allaient faire leur cour au roi.

Rien, absolument rien n'appuie cette opinion ; bien au contraire il y a tout à supposer que l'agresseur s'il croit disposer de troupes plus aguerries, voudra en profiter et déclarera la guerre en hiver.

Et, il est incontestable que l'armée qui, incorporant ses recrues au printemps par exemple, se trouvera avoir, en hiver, des hommes dont le plus jeune dans le rang aura sept ou huit mois de service se trouvera en meilleure situation pour faire une campagne d'hiver, que celle dont les recrues viennent seulement d'être incorporées.

Même au point de vue d'une campagne d'été, l'armée qui aura incorporé ses recrues le 1er mars par exemple, ne sera nullement inférieure à celle qui les aura appelées en octobre.

En effet, deux mois de beau temps suffisent très largement pour instruire des recrues.

Les journées plus longues, le temps plus favorable, les indispositions moins nombreuses, tout rend plus facile cette instruction.

Incorporées en mars, les recrues seront suffisamment ins-
truites deux mois après, en mai, pour être mobilisables.

Et, répétons-le, cette armée aura prête pour résister à une
agression, en hiver, deux classes, au lieu d'une.

Les campagnes d'hiver sont, il est inutile de le dire, plus
pénibles que celles d'été et nécessitent, par suite, des hommes mieux préparés.

Que l'on songe maintenaut à ces jeunes gens qui, déjà fa-
tigués par un changement aussi complet de vie, se trouvent
encore exposés au mauvais temps.

Que l'on se représente aussi cette agglomération de jeunes
hommes dans des locaux insuffisants, pendant des journées
entières de mauvais temps.

Remarquons-le encore, c'est au moment où l'instruction
déjà suffisamment avancée permettrait d'aller au dehors,
exigerait même que les recrues allâssent au dehors, que le
mauvais temps les oblige à rester enfermé dans les chambres.

Tout donc, au point de vue militaire comme au point de
vue sanitaire, tend à porter la date d'incorporation des recrues au 1er mars.

En conséquence, la Loge les Enfants de Gergovie, émet le
vœu :

Que la date d'incorporation du contingent soit fixée au 1er mars
au lieu du 1er octobre, date figurant dans la loi votée par le Senat
et soumise à la Chambre des Députés.

Gaspillage des deniers de l'État

Le pays succombe sous le fardeau des charges militaires
qui, sous prétexte de défense nationale, lui sont chaque année imposées.

La réaction compte sur le mécontentement qu'elles provoquent parmi la population et espère ainsi que le pays se
désaffectionnera de la République.

Tout en protestant contre l'exagération des charges elle
pousse à l'accroissement des dépenses militaires se servant,
pour couvrir ses menées, des nécessités de la défense nationale.

D'autre part le pays, si chargé, se trouve dans la presque
impossibilité de tenir les promesses faites aux instituteurs,
aux employés et petits fonctionnaires de l'Etat, de réaliser
les améliorations nécessaires dans les services publics, dans
l'outillage national.

Les instituteurs qui ont rendu, nul n'oserait le contester, de si grands services à la République, attendent encore la réalisation des promesses faites. Une statistique toute récente montre l'instituteur français parmi les moins rétribués des nations européennes.

Et cependant quel plus méritant que lui, et aussi quel surmenage lui est imposé avec des classes de 50, 60, parfois même 80 élèves à instruire, lorsqu'il est reconnu qu'un maître ne peut utilement s'occuper de plus de 25 enfants.

Et par dessus tout, quelles luttes soutenues contre les ennemis de la République.

Titularisé à 1,260 francs, l'instituteur devrait arriver, par des augmentations triennales de 180 francs, à un traitement de 3,060 francs, après 30 ans de titularisation.

Ainsi mis à l'abri du besoin, il pourrait se consacrer entièrement à son rôle d'éducateur, sans être obligé pour nourrir sa famille de rechercher ces fonctions de secrétaire qui le place sous la dépendance de maires réactionnaires.

Et encore tous ces modestes et dévoués serviteurs de l'Etat républicain, les facteurs des postes, condamnés à des parcours de 40 et 50 kilomètres, parfois davantage, pour des salaires absolument dérisoires.

Dans l'armée même, quelles odieuses et révoltantes parcimonies s'abritent derrière l'insuffisance des crédits alloués.

Faute de crédits, l'insignifiante et insuffisante augmentation de l'indemnité de route *prévue* au décret du 15 décembre 1898 n'a pu encore être allouée.

Faute de crédits encore, les officiers subalternes, les sous-officiers mariés prenant part à des manœuvres ou appelés à séjourner dans les camps qui, ainsi astreints à de doubles dépenses au camp ou en manœuvres et dans leur garnison pour leur ménage, ne recevant que des indemnités dérisoires ou même aucune allocation (les manœuvres de moins de 24 heures ne donnent droit à rien et les sous-officiers dans les camps n'ont aucune indemnité), se voient condamnés à imposer aux leurs des souffrances et des privations sous le regard indifférent de leurs chefs.

La brutale et cynique algarade de Bourg-Lastic (1) montre quel fond ils doivent faire sur cette bienveillance du commandement dont on parle.... tant et que l'on voit si rarement.

Toujours faute de crédits, les officiers et sous-officiers

______

(1) Voir *L'Armée cléricale* et *Démocratisation des Cadres*.

mariés déplacés (1) pour le service ne recevant aucune indemnité pour les frais de voyage de leur famille, se voient toujours sous le regard... paternel (2) de chefs satisfaits, condamnés à la ruine, aux expédients.

Enfin, toujours et constamment faute de crédits, les améliorations aux casernements, si nécessaires à la santé des hommes, ne peuvent être réalisées; des réfectoires qui devraient être construits à proximité des cuisines, sont installés dans les combles, à cent, deux cents, parfois trois cents mètres de ces cuisines, avec des cours à traverser par tous les temps.

Ces diverses considérations devraient, il semble, imposer aux chefs militaires une économie rigoureuse, sévère dans la gestion des crédits, simple prévision de dépenses, qui sont alloués.

Hélas, il n'en est malheureusement rien. Conscients ou non, ces chefs dont on vante le patriotisme, pour la plupart d'ailleurs sortis des jésuitières et tout dévoués à la Congrégation, entendent bon gré mal gré dépenser jusqu'au dernier centime faisant ainsi le jeu de la réaction qui, on le sait, espère que ses charges augmentant, le pays se désaffectionnera de la République.

Chaque année, en novembre, uniquement pour épuiser les crédits disponibles on exécute des manœuvres de 2, 3 ou 4 jours, suivant l'argent à dépenser.

Au point de vue militaire ces manœuvres sont un véritable non-sens. Effectuées avec des effectifs réduits par le départ de la classe après les grandes manœuvres, couronnement dit-on de l'instruction militaire, elles constituent une véritable absurdité, à peu près comme un étudiant pourvu de son baccalauréat que l'on remettrait en troisième.

____

(1) Voir *Démocratisation des Cadres.*

(2) A des soldes de 19,000 francs, ces généraux si prodigues de manœuvres ruineuses, si indifférents aux misères qu'ils provoquent ainsi, ajoutent des frais de représentation de 6,000 à 15,000 francs, des indemnités journalières de déplacement de 20 ou 24 francs, suivant qu'ils commandent des divisions ou des corps d'armée, sans préjudices d'indemnités fixes de manœuvres, de traitements de la Légion d'honneur qui suffiraient à faire vivre des familles entières.

Quant à ces frais de représentation qui sont en contradiction avec les principes d'une Démocratie, on se trouve en présence de ce dilemme :

Ou le chef qui les reçoit ne les dépense pas; dans ce cas, il commet un détournement;

Ou il les dépense, donne des bals, soirées, etc., et les mérites de l'officier-cotillonneur sont les seuls appréciés.

Leur suppression fera réaliser plusieurs millions d'économie.

Au point de vue sanitaire elles ne peuvent donner que des résultats déplorables; à cette époque de l'année, elles ne se terminent jamais sans avoir provoqué des maladies, des accidents graves, parfois mortels.

Dans ces conditions, pour que des chefs dont le Ministre républicain de la Guerre a affirmé la sollicitude pour la santé de leurs inférieurs se soient décidés à prescrire ces manœuvres, il faut qu'ils aient été guidés par des raisons majeures... ne pas vouloir rendre un centime à la Gueuse... sans doute pour servir la réaction.

Mais ce ne sont pas seulement les crédits de manœuvres qui donnent lieu à des gaspillages, il en est ainsi en tout, partout et pour tout... dans les corps, les services, la règle est d'épuiser coûte que coûte les allocations accordées.

Les cartouches continuent, quoiqu'en dise le Ministre républicain de la Guerre, à donner lieu à de scandaleux gaspillages qui se chiffrent chaque année par millions de francs,

Chaque année les excédents dépassent généralement 100,000 cartouches par régiment, ils atteignent parfois 120 à 130,000, soit à raison de 0 fr. 10 pièce de 10,000 à 14,000 francs par régiment.

Or deux choses peuvent se produire.

Ou les corps ne se livrent à aucun gaspillage, dans ce cas les excédents s'augmentent chaque année et finissent par constituer des approvisionnements considérables et embarrassants.

Ou, ce qui se produit généralement sinon toujours, les corps pour épuiser leurs approvisionnements se livrent à de véritables gaspillages. Chaque soldat disponible doit brûler dans une séance de tir, 25, 30 et même 35 cartouches. On tire pour détruire les munitions. De pareils usages sont abominables et dénotent chez ceux qui les pratiquent une absence complète de sens moral et un manque absolu de patriotisme.

Et partout (1) et en tout il en est ainsi; au plaisir de gas-

____

(1) Si à ces gaspillages on ajoute toutes les pertes provoquées par l'incurie de notre administration militaire, on pourra se rendre compte des nombreux millions qui pourraient être économisés sur le budget de la guerre, sans nuire à la défense nationale bien au contraire, en la renforçant. Nous nous bornerons aux deux exemples suivants :

Depuis 1874 on fabrique, ou on fabriquait, sans compter, sans se préoccuper de l'écoulement, des harnachements pour les chevaux. En 1901, on s'aperçut que ces harnachements étaient devenus inutilisables et ne pouvaient être conservés dans les réserves. Dépense inutile, nuisible même à

piller les ressources de l'Etat s'ajoute la haine de la République dont on voudrait désaffectionner les populations.

Et nous l'avons dit, nous ne saurions trop le répéter, c'est par l'exagération des charges que l'on espère indisposer le pays contre la République.

En conséquence :

Considérant que le pays épuisé par les dépenses militaires qui, sous prétexte de défense nationale, lui sont imposées se trouve dans la presque impossibilité de tenir les promesses faites aux instituteurs, aux facteurs des postes et autres employés ou petits fonctionnaires de l'Etat, ni de pourvoir aux améliorations des services publics, aux créations d'écoles, etc.

Attendu que dans l'armée même, faute des crédits nécessaires, une très légère et insuffisante augmentation de l'indemnité de route, prévue au décret du 15 décembre 1898, n'a pu encore être allouée ;

Attendu que, toujours faute des crédits nécessaires, les officiers et sous-officiers mariés déplacés pour le service ou appelés à séjourner dans les camps, à prendre part à des manœuvres, ne recevant aucune allocation pour le transport de leur famille ou ne touchant que des indemnités totalement insuffisantes (les sous-officiers n'ont droit à rien dans les camps), se voient condamnés à imposer aux leurs des souffrances et des privations, réduits aux expédients, pour se conformer aux ordres, bien souvent aux fantaisies du commandement ;

Considérant que, dans ces conditions, le patriotisme devrait imposer aux chefs militaires la plus sévère économie dans l'emploi des crédits alloués ;

Attendu que ces crédits ne sont que des prévisions de dépenses que rien n'oblige à atteindre ;

------

la défense nationale, puisque si la guerre avait éclaté, on aurait manqué de harnachements tout en en ayant des stocks considérables en magasin.

Chaque année, les régiments d'artillerie vont exécuter des écoles à feu dans des camps mal installés ; les chevaux sont souvent, comme à Bourges, attachés à la corde en plein air. Dans ces conditions, malgré toute la vigilance apportée par les gardes d'écurie, eux-mêmes exposés aux accidents et aux intempéries, chaque année il faut abattre ou réformer en moyenne 10 à 12 chevaux atteints de coups de pieds.

Chaque cheval revenant à l'Etat à plus de 2,000 francs, c'est une dépense, un gaspillage annuel de plus de 600,000 francs pour les quarante régiments.

L'installation d'abris ne coûterait pas plus de 300,000 francs, ce qui dès la première année donnerait un bénéfice de 300,000 francs, doublé les années suivantes, et les gardes d'écurie ne seraient plus exposés, par des veillées en plein air, à contracter des maladies, voire même des infirmités.

Considérant que, loin de s'inspirer de ces sages et patriotiques principes, les chefs militaires se livrent à de véritables gaspillages des ressources de l'Etat, pour épuiser les crédits ou les approvisionnements disponibles, prescrivant après les grandes manœuvres, couronnement de l'instruction, des manœuvres dites d'épuisement de crédits, faisant exécuter des tirs dans des conditions absurdes et déplorables;

Attendu que ces manœuvres exécutées en fin d'année, pendant la mauvaise saison, avec des effectifs réduits n'ont aucune signification militaire et sont déplorables pour l'état sanitaire des troupes;

Attendu également que les tirs exécutés pour épuisement de cartouches constituent un véritable gaspillage de munitions. Que, par suite de la réduction des effectifs, chaque soldat présent au tir doit brûler 25, 30 et même parfois 40 cartouches dans une seule séance;

Considérant que ces procédés sont pratiqués dans tous les corps et services, pour les crédits en argent et les allocations en matières, qu'ils existent également dans la marine;

Attendu que ces usages, ruinant les finances de l'Etat, peuvent perdre la République,

La Loge les Enfants de Gergovie émet le vœu :

1º Que chaque année les crédits, simples prévisions de dépenses, accordés pour manœuvres, tirs, etc., soient arrêtés au 1er octobre, fin de l'année militaire et qu'après cette date aucune dépense de cette nature ne puisse être engagée sans l'autorisation spéciale du ministre;

2º Que tout chef militaire, fonctionnaire civil ou militaire, qui aura autorisé, prescrit ou toléré des dépenses de cette nature, soit tenu à remboursement et privé de son commandement ou de sa fonction;

3º Que les cartouches non consommées au 1er octobre soient réparties entre les Sociétés de tir de la région.

Cléricalisation et Aristocratisation
des cadres

Les cadres de l'armée républicaine continuent à se cléricaliser, à s'aristocratiser (1) tous les jours de plus en plus.

Les nominations d'octobre dernier en sont l'affirmation la plus évidente. La plupart des officiers promus étaient notoirement connus pour leurs sentiments antirépublicains.

Il convient à cet égard de signaler les procédés jésuitiques employés par l'administration de la Guerre, pour évincer les officiers républicains de tout avancement, de toutes faveurs, uniquement réservés, il faut le dire et le répéter, aux protégés de la Congrégation.

A toute demande faite, à toutes démarches tentées par ou pour un officier républicain, le ministre répond par l'intermédiaire de ses chefs de cabinet, de ses directeurs d'arme ou de service que les titres de cet officier républicain ne pourront être examinés que lorsqu'il aura été l'objet d'une proposition régulière de la part de ses chefs.

Or, comme ses chefs sont tous cléricaux et réactionnaires, soumis aux influences de la Congrégation et n'entendent proposer pour l'avancement, pour des situations avantageuses que des officiers bien pensant. C'est la condamnation hypocrite, jésuitique de tous les officiers républicains, et aussi c'est une leçon de choses donnée aux jeunes officiers qui sont ainsi prévenus qu'ils seront mis à l'index, sacrifiés, sinon maltraités, s'ils n'aident à la propagande cléricale dans les régiments.

C'est au ministre responsable à régler l'avancement, c'est dans son cabinet que doivent être faites toutes les propositions, que toutes les nominations doivent être arrêtées sans l'intervention et même contre l'avis de chefs qui, la plupart plus dévoués à Rome qu'à la République, ne peuvent que l'induire en erreur, que le tromper.

C'est ainsi seulement que l'on arrivera à démocratiser, à républicaniser les cadres supérieurs de l'armée républicaine.

En agissant autrement, on perpétue, on aggrave les dangers que fait courir à la République une armée commandée par des chefs réactionnaires. _

---

(1) Voir les brochures *Armée cléricale* et *Démocratisation des Cadres.*

En conséquence,

Considérant que seul, le Ministre de la Guerre responsable envers le Parlement, doit être appelé à établir les propositions, à régler les avancements dans l'armée sans avoir à tenir compte des avis ou des propositions des chefs qui, plus soumis à la Congrégation, plus dévoués à la Réaction qu'à la République, ne peuvent que tendre à favoriser les officiers et sous-officiers cléricaux et réactionnaires, à sacrifier les officiers et les sous-officiers républicains ;

Attendu que l'obligation jésuitiquement imposée par l'administration réactionnaire de la guerre, aux officiers et sous-officiers, d'avoir été l'objet de propositions de la part de leurs chefs hiérarchiques, est la condamnation hypocrite, sournoise de tous les officiers et sous-officiers républicains ;

Attendu que le ministre ou ses directeurs d'arme ou de service, imposant cette condition, savent parfaitement que jamais un officier ou sous-officier républicain ne pourra, à moins de circonstances exceptionnelles, franchir cette ligne hiérarchique de chefs qui, hostiles pour la plupart à la République, ne peuvent qu'être défavorables aux officiers et sous-officiers républicains ;

Que cette exclusion systématique des officiers et sous-officiers républicains est une leçon de choses qui ne peut qu'éloigner de la République les jeunes officiers constatant qu'il est plus avantageux de servir la Congrégation que montrer son dévouement pour la République ;

Attendu que l'obligation d'avoir été l'objet d'une proposition de la part de chefs réactionnaires, imposée aux officiers républicains, sert également à berner les représentants républicains,

La Loge les Enfants de Gergovie émet le vœu :

Que toutes les propositions pour l'avancement, les décorations, les récompenses ; que toutes les nominations concernant les officiers et sous-officiers soient faites au Cabinet du Ministre sans avoir à tenir compte de l'avis de chefs qui, la plupart cléricaux et réactionnaires, ne peuvent que tendre à favoriser les officiers et sous-officiers réactionnaires et à évincer les officiers et sous-officiers républicains.

La Loge les Enfants de Gergovie soumet à toutes les Loges de France, à toutes les sections de la Ligue des Droits de l'Homme, à toutes les Associations républicaines et démocratiques, les propositions et vœux suivants qui intéressent à la fois l'avenir intellectuel et moral du pays et la sécurité de la République.

Elle les prie de vouloir bien lui faire connaître les observations qu'elles croiraient devoir formuler et leur propose de se joindre à elle pour une action commune en vue d'aboutir à leur réalisation en provoquant un mouvement d'opinion publique et en engageant une campagne active et vigoureuse afin d'inviter le Parlement à les réaliser dans le plus bref délai.

Enfin, elle leur demande d'agir particulièrement auprès des Sénateurs et Députés de leur région en vue d'obtenir leur concours.

-·- La Laborieuse, 18, place de Jaude, Clermont-F^d.

Loge Maçonnique " Les Enfants de Gergovie "

Rue Gaultier-de-Biauzat, 28 — CLERMONT-FERRAND

VŒUX

Concernant les améliorations à apporter aux Services postaux

Adoptés à l'unanimité le 5 décembre 1903

✳

Considérant que les tarifs postaux, trop élevés, sont une entrave apportée au commerce et à l'industrie et nuisent à la propagande des Loges-Ligues et autres Associations républicaines qui n'ont d'autres ressources que les cotisations de leurs membres souvent peu fortunés ;

Attendu qu'ainsi que l'expérience l'a démontré, l'abaissement des tarifs, loin de provoquer une diminution des recettes postales, produit le plus souvent une augmentation de ces recettes. Que même si, au début, une diminution devait se produire, elle se trouverait largement compensée par l'augmentation des recettes réalisée sur d'autres chapitres du budget par suite de l'extension du commerce et de certaines industries, telles que celles du papier, de l'imprimerie, etc., etc.;

Qu'ainsi l'abaissement des tarifs postaux peut, en assurant l'existence d'un plus grand nombre de travailleurs, contribuer à augmenter les recettes directes et indirectes de l'État et à diminuer les charges de l'Assistance publique ;

Attendu qu'avec l'élévation des tarifs, la plus grande entrave provient du poids trop restreint attribué, par les tarifs actuels, aux lettres, imprimés, etc., etc. ;

Qu'il n'est pas juste de doubler le prix de transport d'une lettre ou d'imprimés, parce que le poids a été dépassé de quelques grammes, puisque cette augmentation ne double ni le travail, ni les peines, ni les dérangements des employés du Service des Postes ;

Emet le vœu :

1º Qu'en attendant l'abaissement à dix et même à cinq centimes du tarif de transports des lettres ordinaires, les poids attribués à ces lettres soient ainsi modifiés :
Quinze centimes pour 25 grammes.
Au-delà et en supplément, cinq centimes par 25 grammes ou fractions de 25 grammes.
Ainsi, une lettre pesant   25 gr. et au-dessous, se trouverait taxée à   0 15
—   de 25 à 50 grammes...   —   0 20
—   de 50 à 75 grammes...   —   0 25, etc.

2º Que le poids des imprimés se trouve ainsi modifié :
Sous bande, 0,01 par 25 grammes ou fraction de 25 grammes.
Sous enveloppe ouverte, 0,05 pour 50 grammes ; au-delà et en supplément, 0,05 par 100 grammes ou fraction de 100 grammes, soit 0,10 pour 150 grammes, 0,15 pour 250 grammes, etc., etc.

L'augmentation du poids des lettres contribuerait à accroître les ressources de l'État sans augmenter le travail des employés. Quantités de papiers d'affaires qui, aujourd'hui, en raison de l'élévation des tarifs sont transportés sous enveloppe ouverte à 0,05, le seraient sous enveloppe fermée à 15 ou 20 centimes.
Il en serait de même pour les imprimés, livres, que l'on préfère envoyer par colis postal ou commissionnaire.

Considérant que, par suite de l'insuffisance numérique du personnel, le Service des Postes fonctionne d'une façon déplorable ;
Que quantités de localités importantes sont encore dépourvues de bureaux de poste ;
Que dans les villes, le nombre des levées et des distributions est absolument insuffisant et ne correspond plus avec des moyens de communication qui, souvent, restent inutilisés ;

Que le service imposé aux employés et agents et particulièrement aux facteurs, trop chargé, devient un véritable surmenage, certains de ces derniers ayant, pour des salaires dérisoires, des parcours quotidiens considérables à exécuter ;

Considérant que, d'autre part, l'Etat, par la fermeture de manufactures, usines, etc.; par la suppression d'emplois, se trouve obligé de payer des indemnités de cessation de travail, de servir des pensions proportionnelles aux agents et ouvriers privés de leur travail ;

Que, malgré ces charges que s'impose l'Etat, de nombreux travailleurs se trouvent ainsi privés de leur gagne-pain et exposés, avec leur famille, à la misère ;

Qu'il serait d'une sage prévoyance et de bonne économie de répartir, dans les services insuffisamment dotés en personnel, les excédents qui existent dans d'autres;

Qu'en agissant ainsi, il serait facile de donner au Service des Postes le développement que comporte la vie moderne, sans accroître sensiblement les dépenses de l'Etat, largement compensées par l'augmentation des recettes produites par les plus grandes facilités de correspondance;

Emet le vœu :

1° Que le personnel des Postes, largement augmenté, soit mis en état de faire face aux exigences modernes, afin que :

a) Chaque localité importante soit desservie par un bureau de poste ;

b) Même pour les moins importantes, deux distributions aient lieu par jour;

c) Le nombre des départs soit mis en rapport avec les trains existants ;

d) Le parcours des facteurs soit réglé de façon qu'il ne puisse jamais dépasser, en y comprenant les écarts, 28 kilomètres par jour;

e) Que, par semaine, il soit accordé par roulement un jour complet de repos par semaine;

2° Que, pour faire face à ces augmentations de personnel, l'Etat profite des suppressions d'emplois qui se produiront dans les divers services publics trop largement dotés, dans l'armée par une réorganisation des cadres trop exubérants, par la mise à pied d'ouvriers provenant par suite de la la fermeture des manufactures, arsenaux, usines dépendant de l'Etat.

Considérant que les citoyens français, qui tous participent aux charges de l'Etat, doivent être admis aux mêmes avantages ;

Attendu que les Postes et Télégraphes constituent avant tout un service public;

Qu'il n'est pas juste de faire payer, pour une dépêche, un supplément pour transmission par exprès, si la localité habitée par le destinataire est dépourvue d'un bureau télégraphique;

Que ces procédés, poussés à l'excès, ne pourraient avoir pour conséquence que de mettre hors de la collectivité nationale les citoyens qui, par les convenances de l'Administration, ont été privés de ces bureaux télégraphiques ;

Emet le vœu:

Que le supplément payé pour la transmission par exprès des dépêches télégraphiques soit supprimé, et qu'un tarif unique soit adopté pour toutes les localités de France.

La Loge « Les Enfants de Gergovie » sollicite les Loges et Associations républicaines de France d'appuyer auprès de leurs Représentants les vœux ci-dessus.

Elle les prie de vouloir bien, en lui accusant réception de l'envoi, lui faire connaître leur appréciation.

www.ingramcontent.com/pod-product-compliance
Ingram Content Group UK Ltd.
Pitfield, Milton Keynes, MK11 3LW, UK
UKHW021722090726
13657UKWH00005B/2419